Por la Bellesa de este Mundo

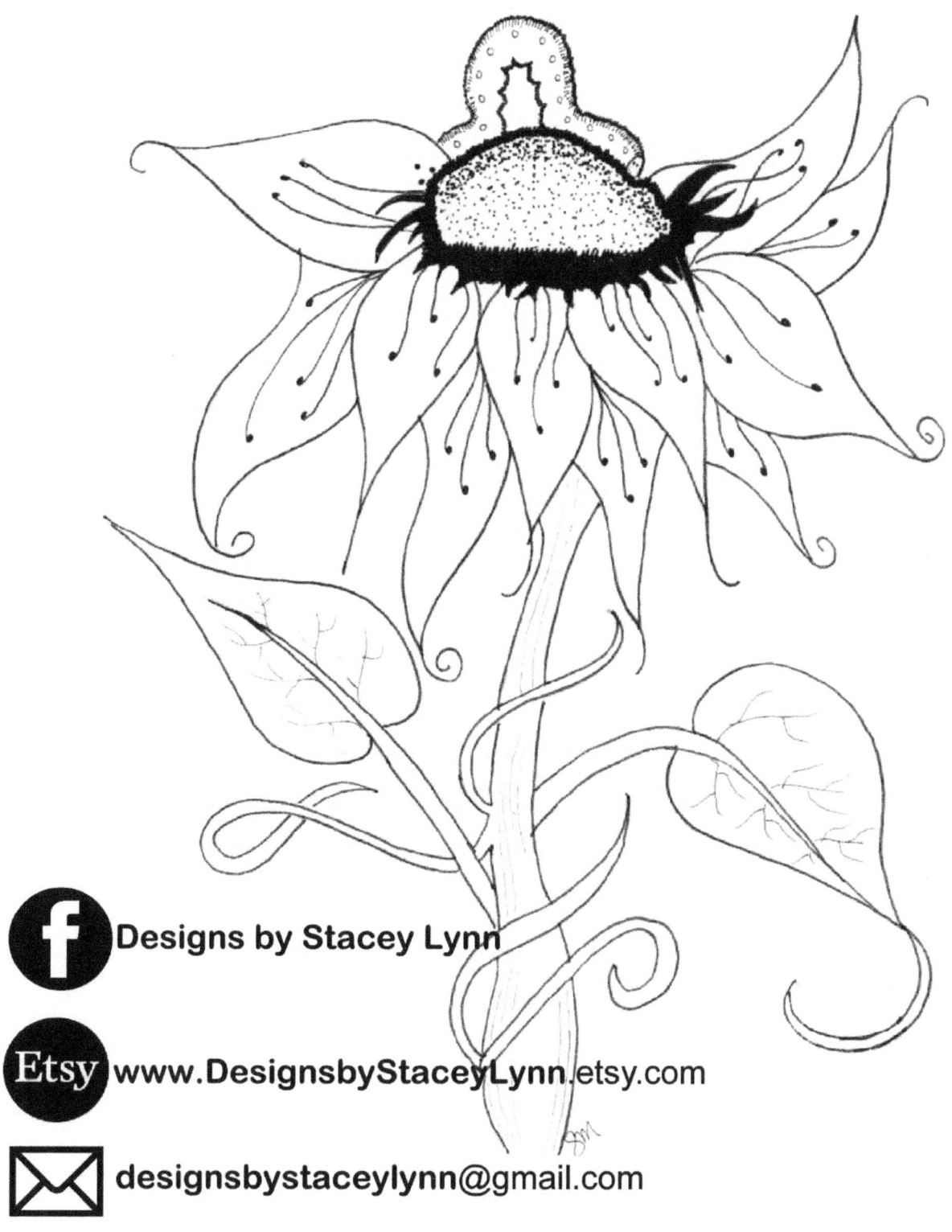

f **Designs by Stacey Lynn**

Etsy **www.DesignsbyStaceyLynn.etsy.com**

✉ **designsbystaceylynn@gmail.com**

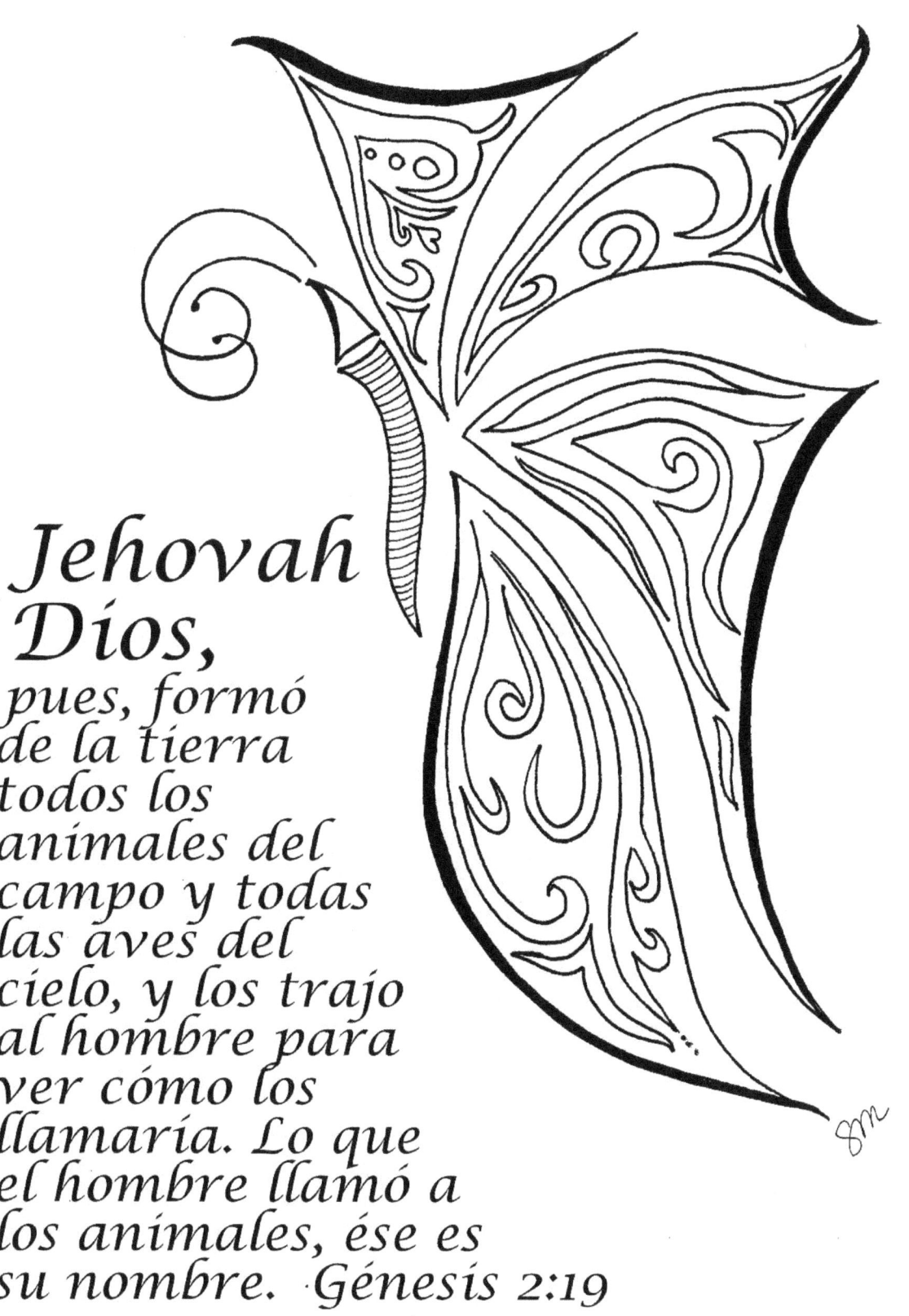

Jehovah
Dios,
pues, formó
de la tierra
todos los
animales del
campo y todas
las aves del
cielo, y los trajo
al hombre para
ver cómo los
llamaría. Lo que
el hombre llamó a
los animales, ése es
su nombre. Génesis 2:19

He aquí, os digo un misterio: No todos dormiremos, pero todos seremos transformados.

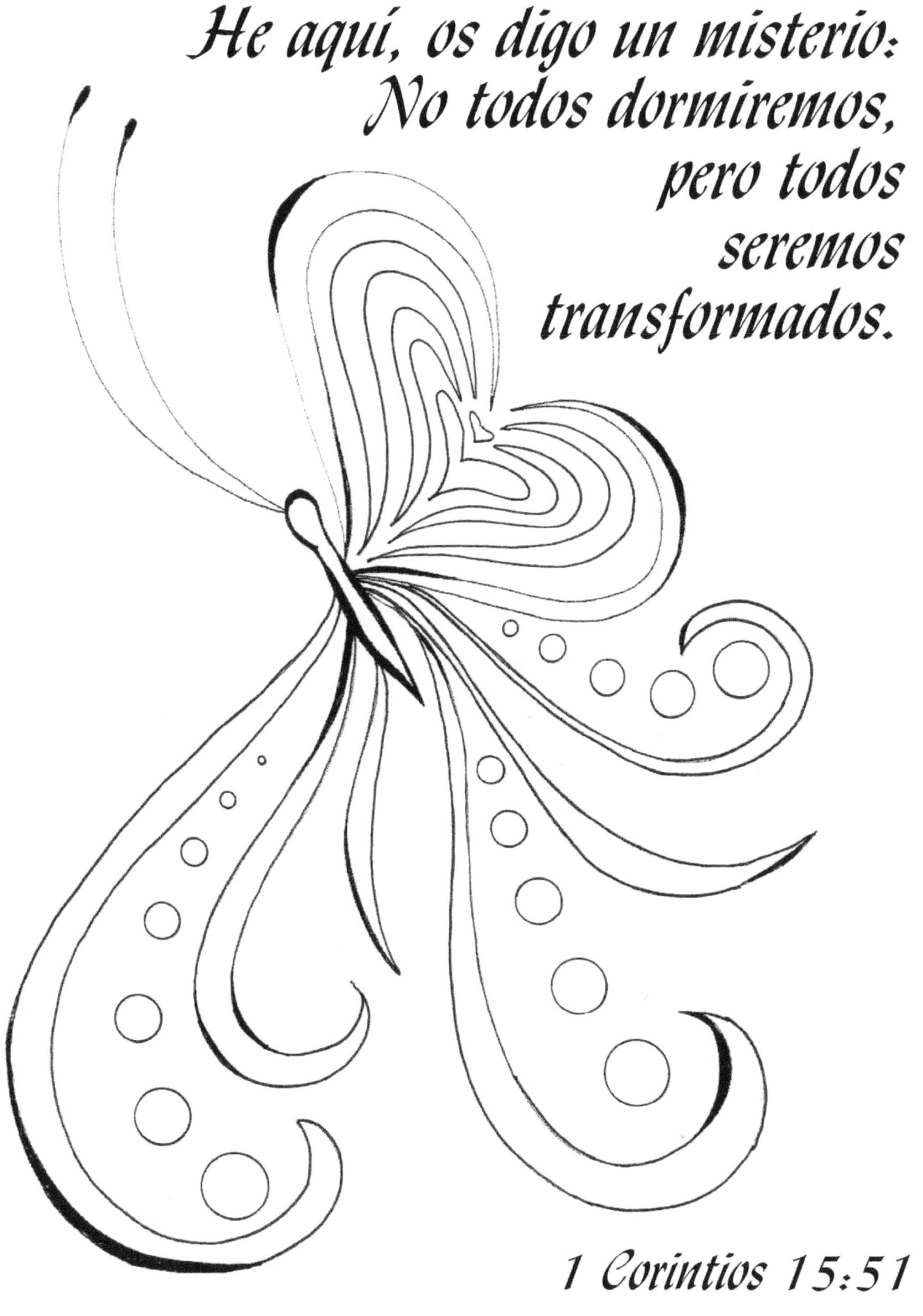

1 Corintios 15:51

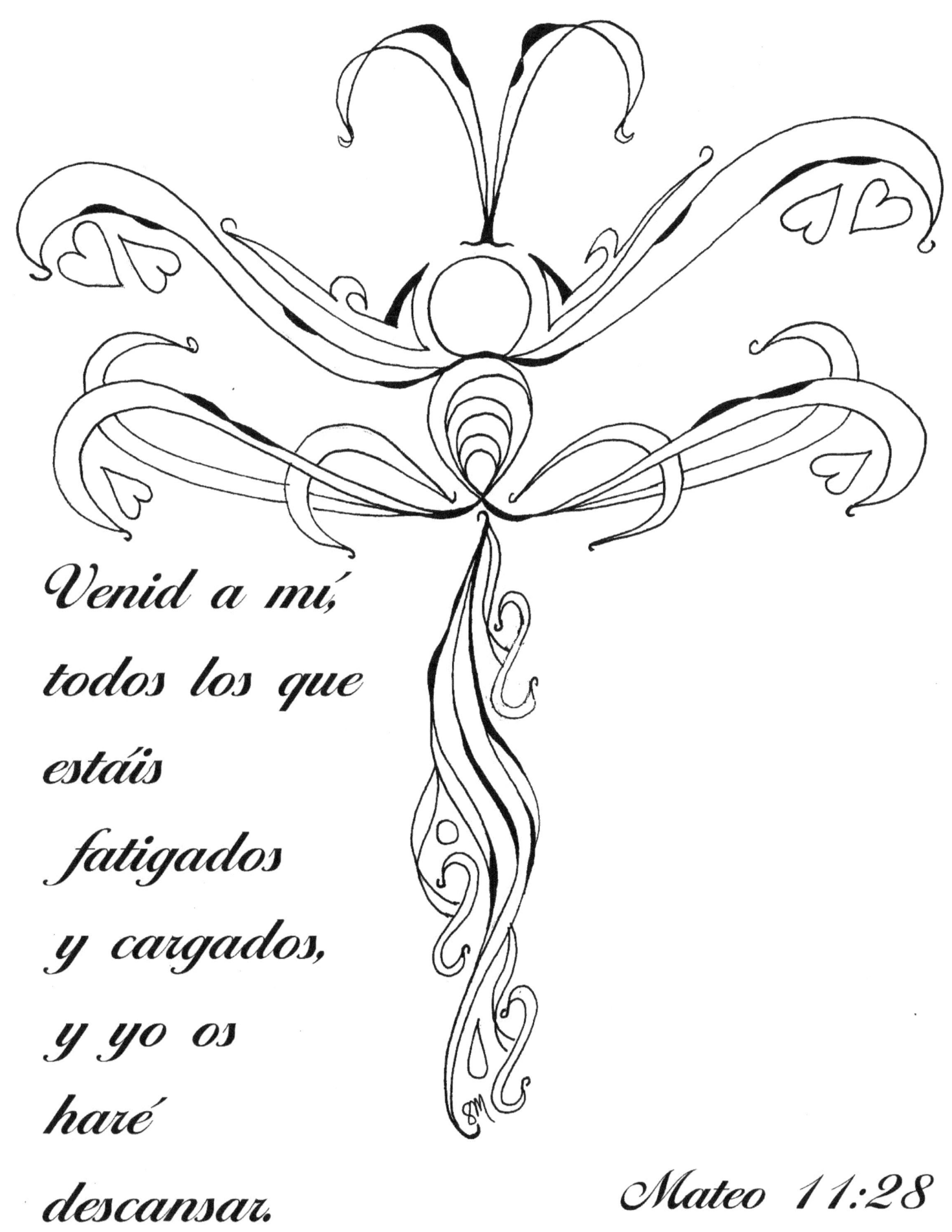

Venid a mí,
todos los que
estáis
fatigados
y cargados,
y yo os
haré
descansar.

Mateo 11:28

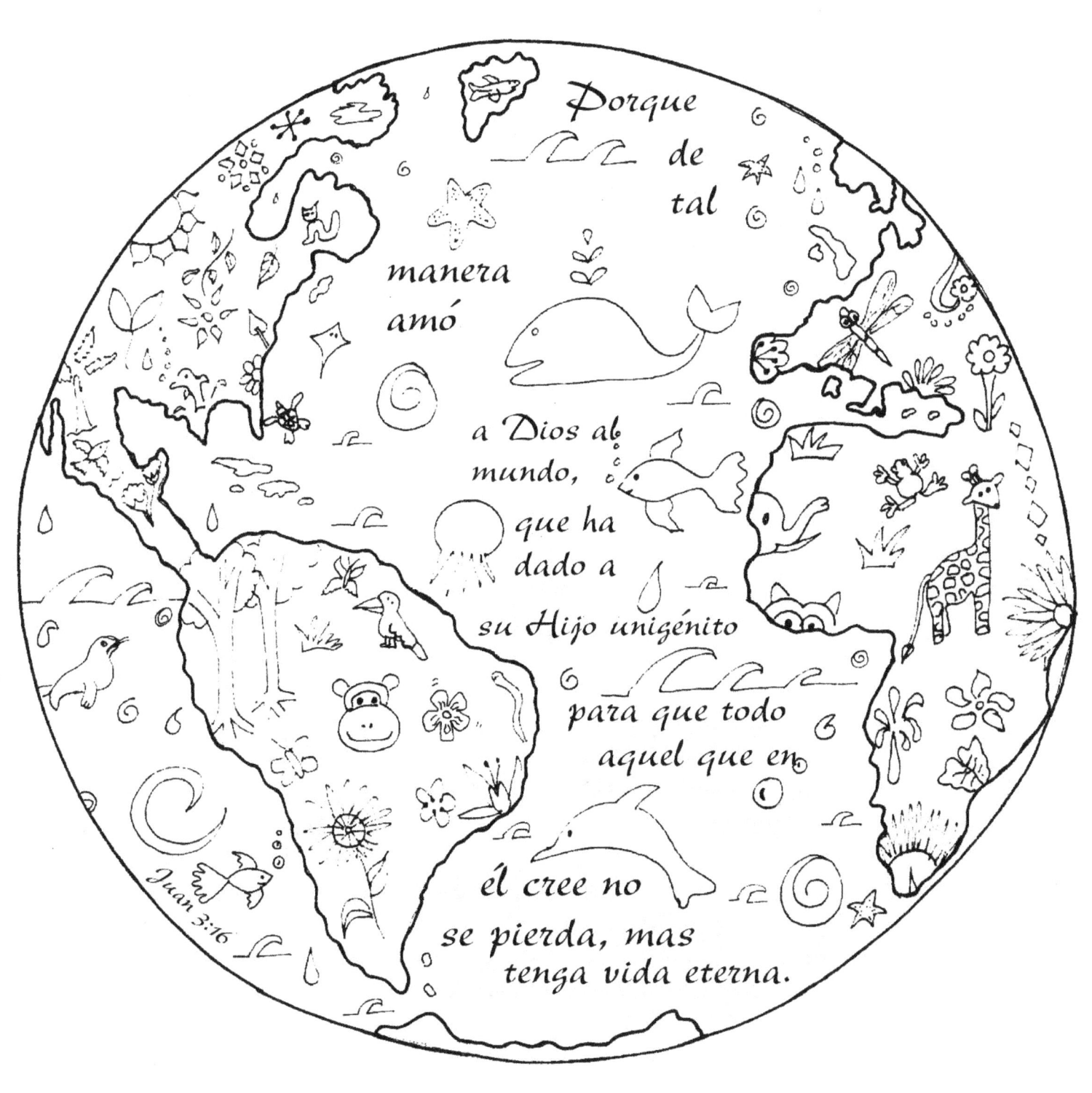

La hierba se seca,
y la flor se
marchita;

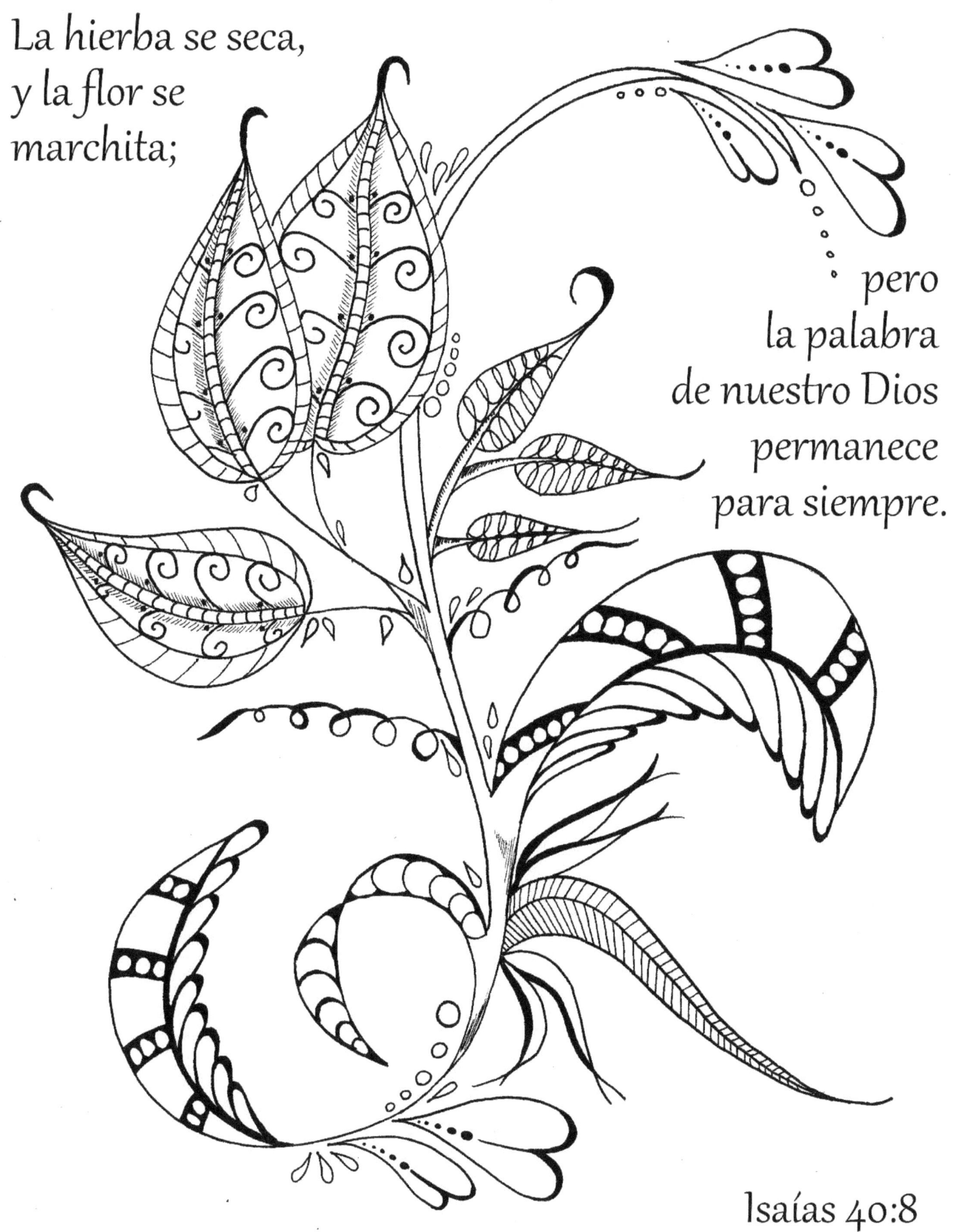

pero
la palabra
de nuestro Dios
permanece
para siempre.

Isaías 40:8

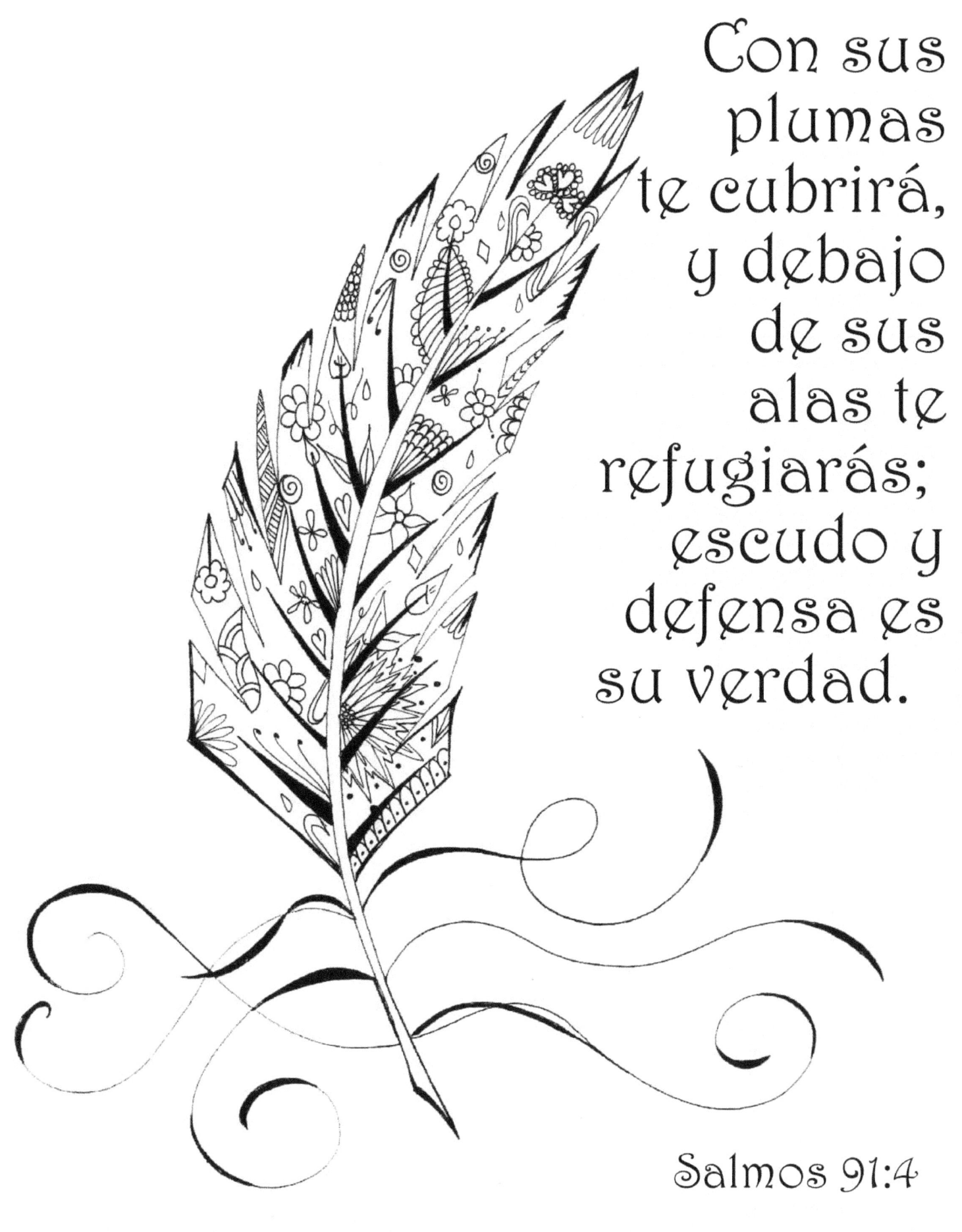

Con sus plumas te cubrirá, y debajo de sus alas te refugiarás; escudo y defensa es su verdad.

Salmos 91:4

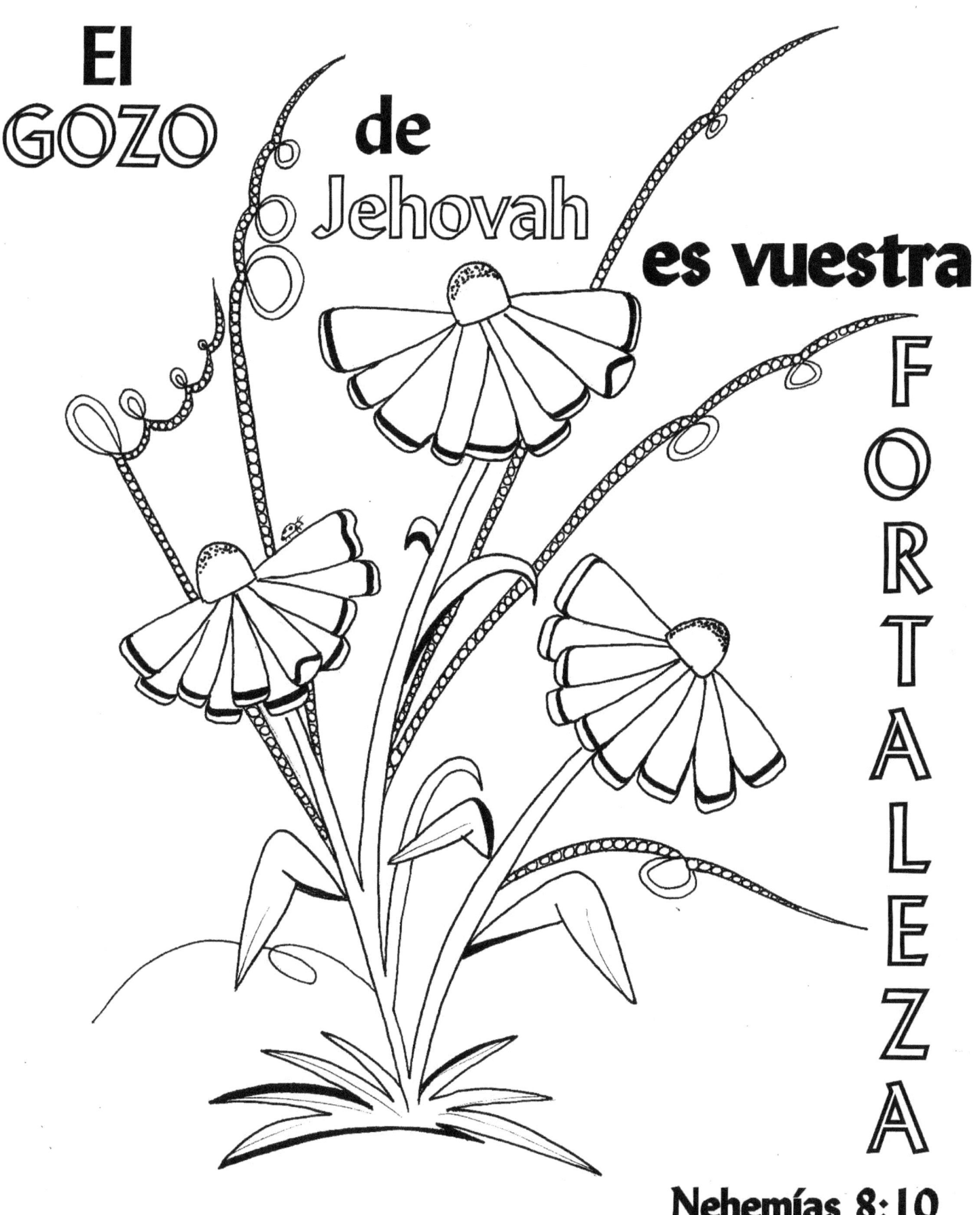

El GOZO de Jehovah es vuestra FORTALEZA

Nehemías 8:10

¡Cuantos numerosas son tus obras,
oh Jehovah!
A todas las hiciste con sabiduría;
la tierra está llena de tus criaturas.

Salmos 104:24

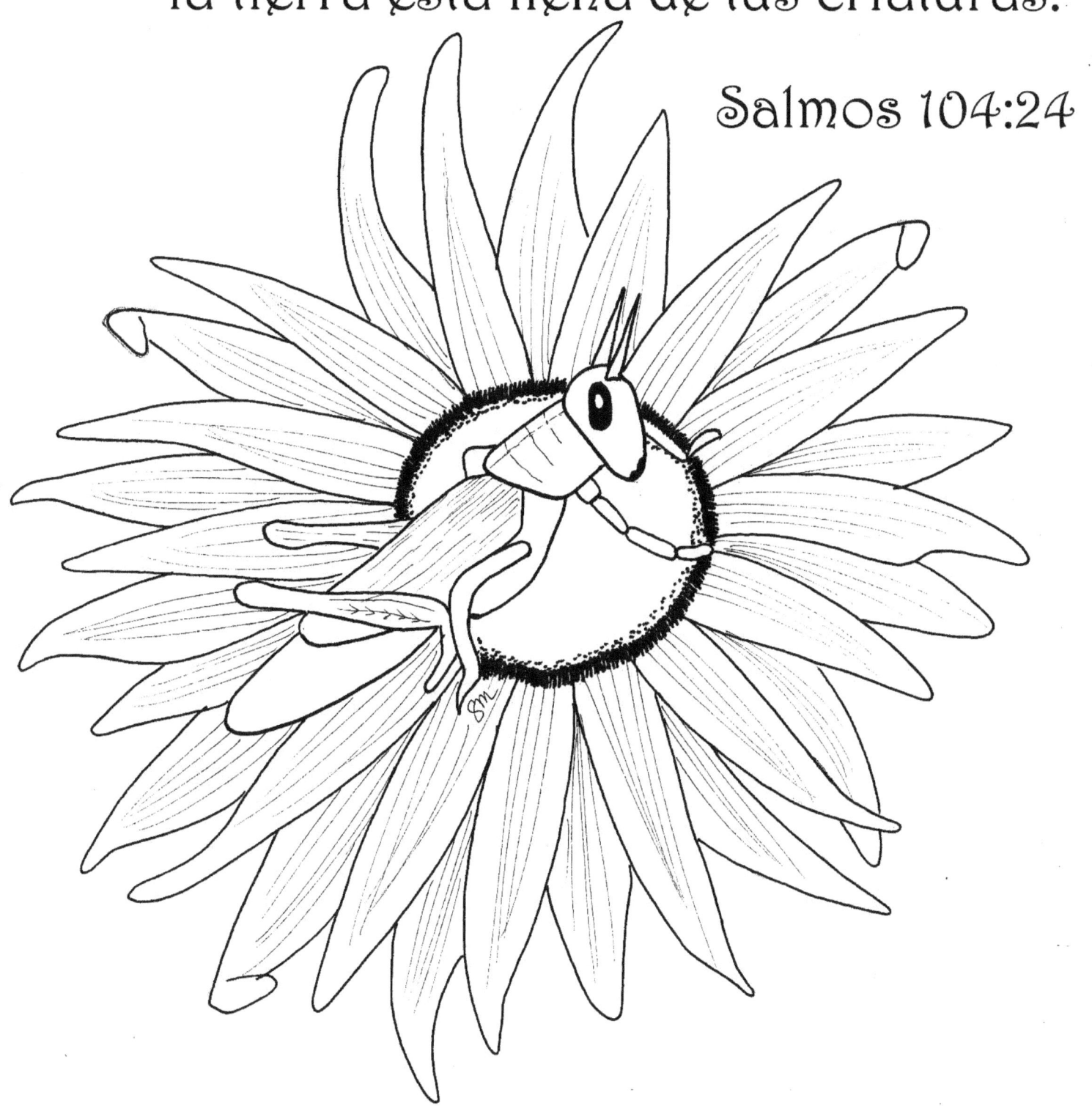

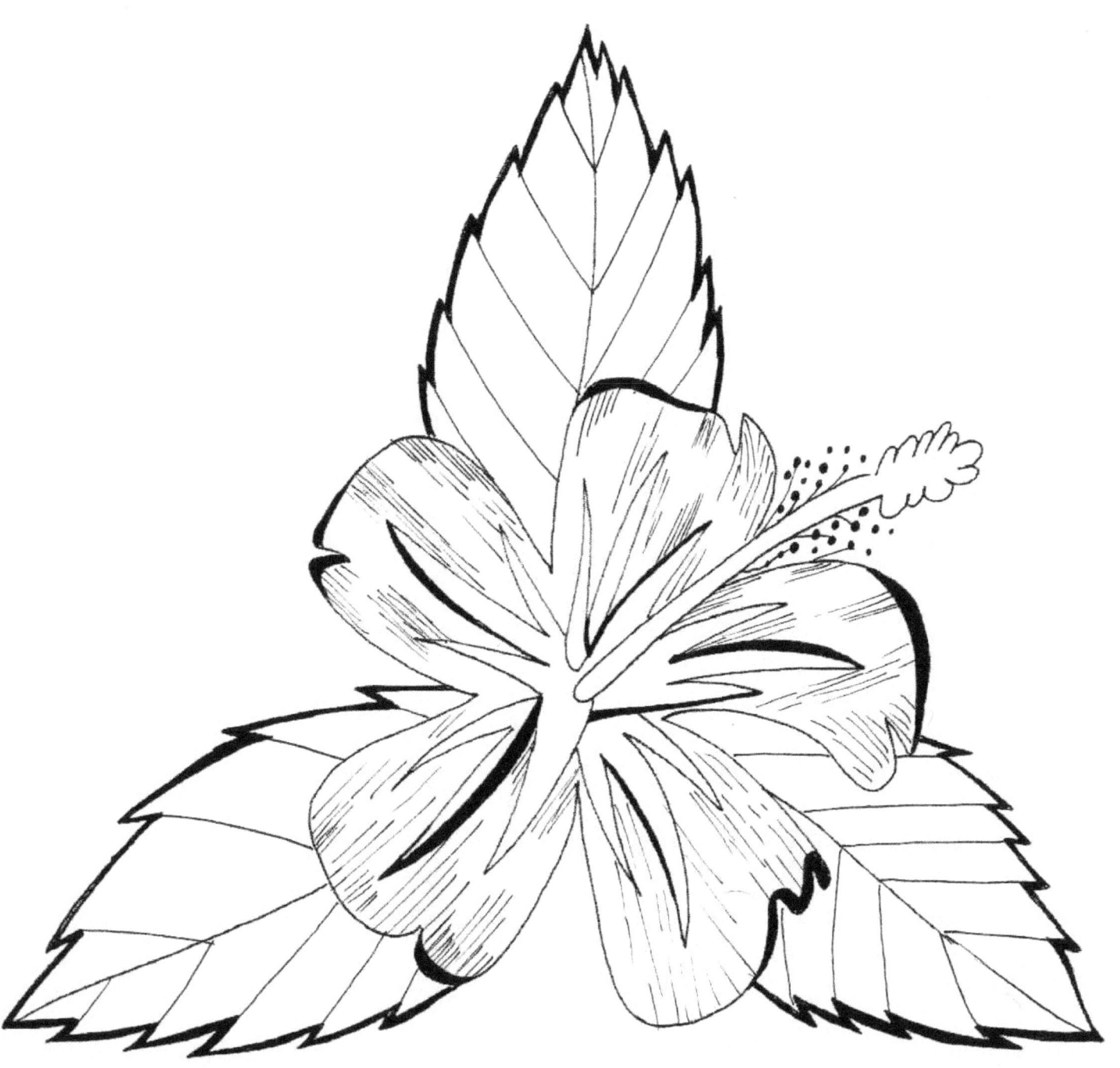

Flores aparesieron en la tierra;

la estacion de canciones vendron.

La canciones de Soloman 2:12

De Jehovah es la tierra y su plenitud,
el mundo y los que lo habitan.
Salmos 24:1

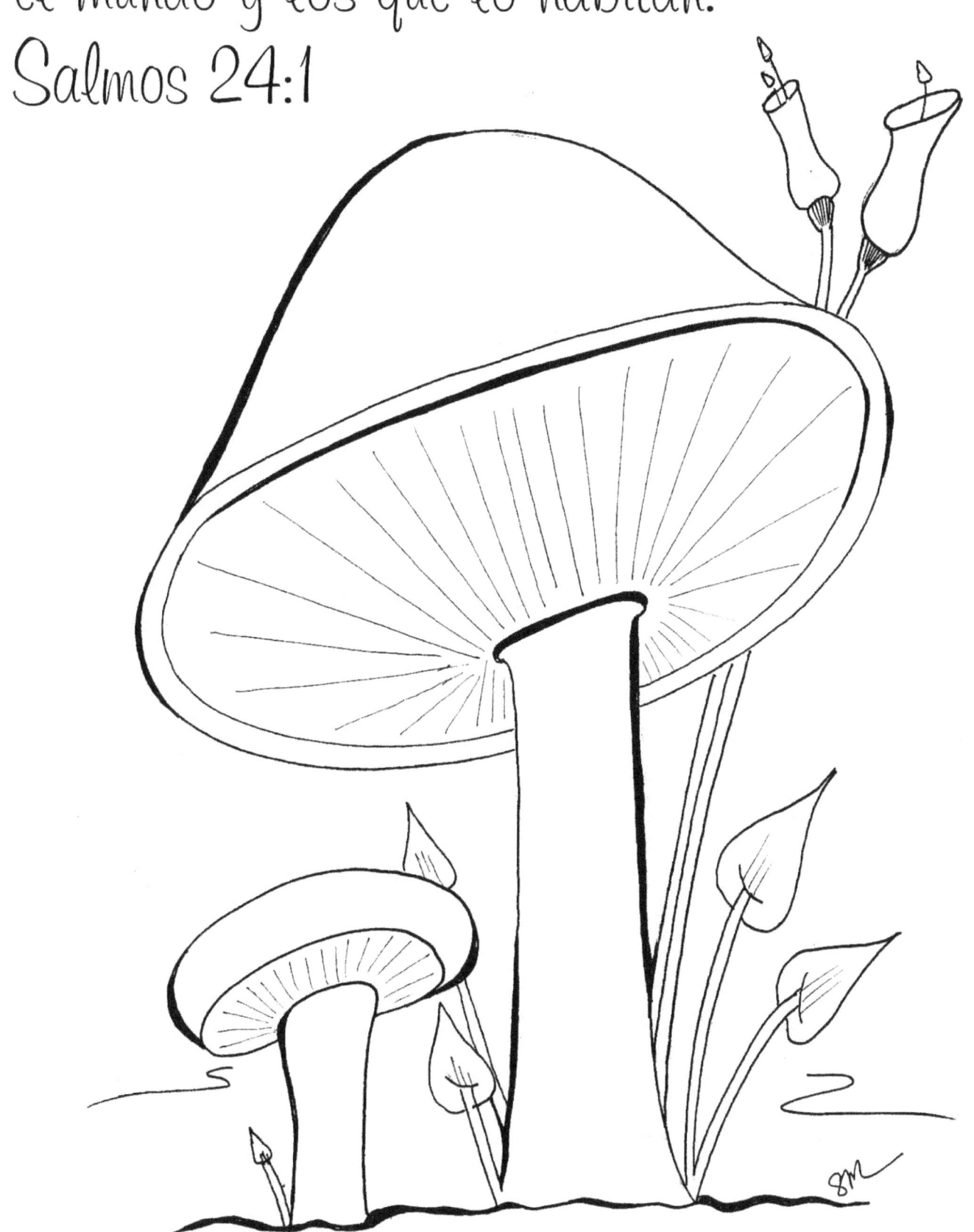

Por tanto os digo: No os afanéis por vuestra vida, qué habéis de comer o qué habéis de beber; ni por vuestro cuerpo, qué habéis de vestir.

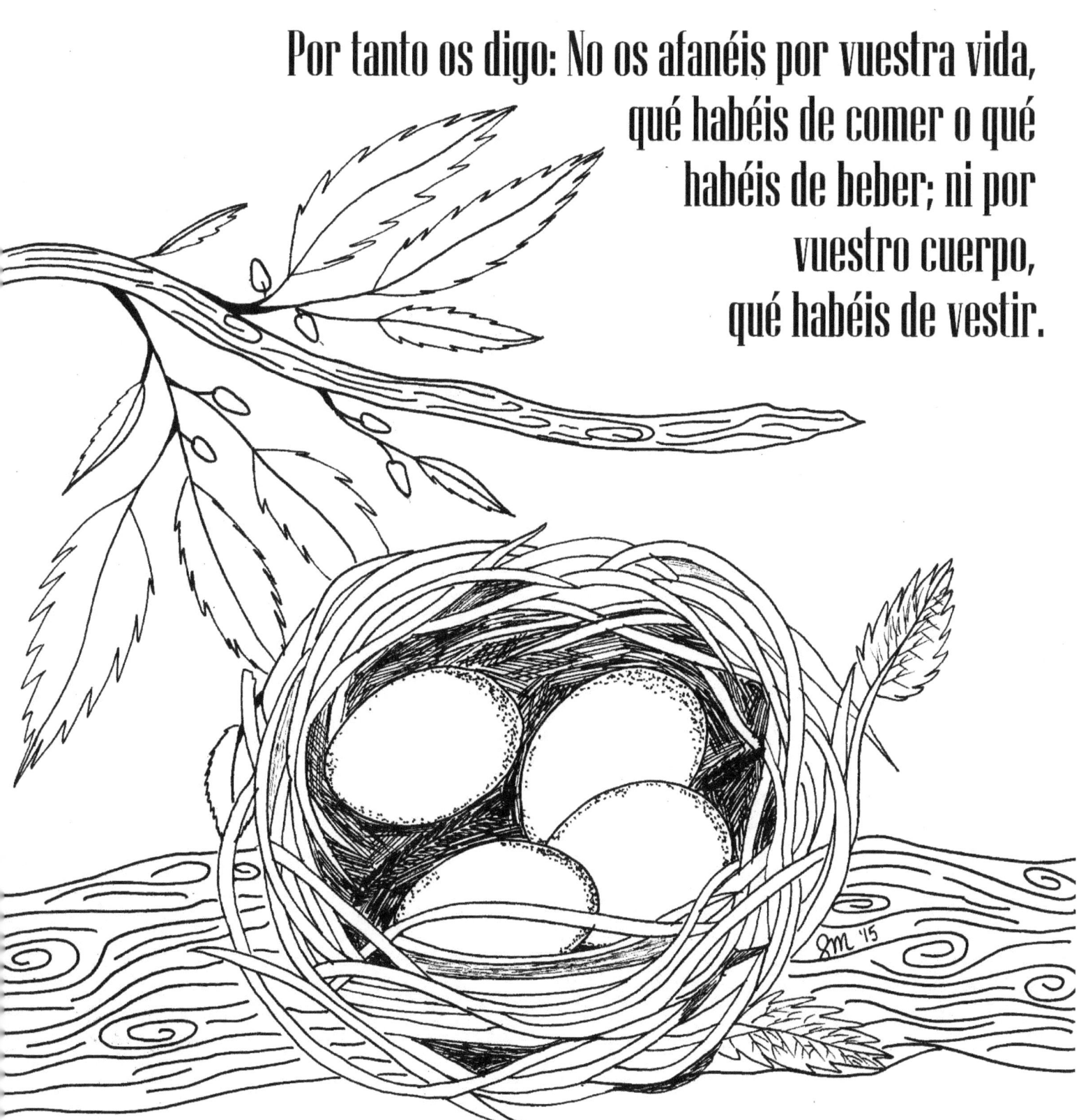

¿No es la vida más que el alimento, y el cuerpo más que el vestido? Mirad las aves del cielo, que no siembran, ni siegan, ni recogen en graneros; y vuestro Padre celestial las alimenta. ¿No sois vosotros de mucho más valor que ellas.

Mateo 6:25-26

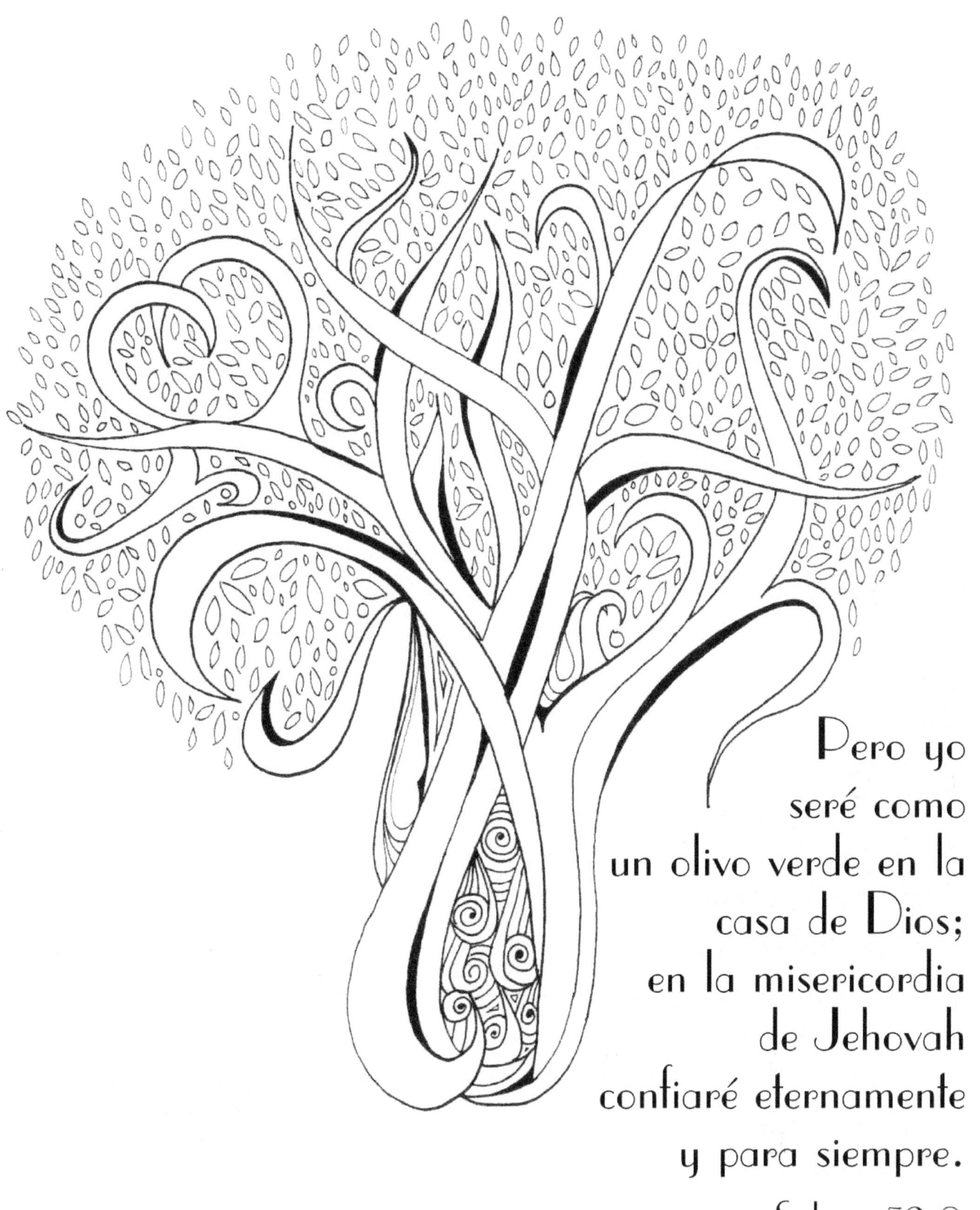

Pero yo seré como un olivo verde en la casa de Dios; en la misericordia de Jehovah confiaré eternamente y para siempre.

Salmos 52:8

Mirad las aves
del cielo, que no
siembran,
ni siegan,
ni recogen en
graneros; y vuestro
Padre celestial las
alimenta. ¿No sois
vosotros de mucho
más valor que ellas?

Mateo 6:26

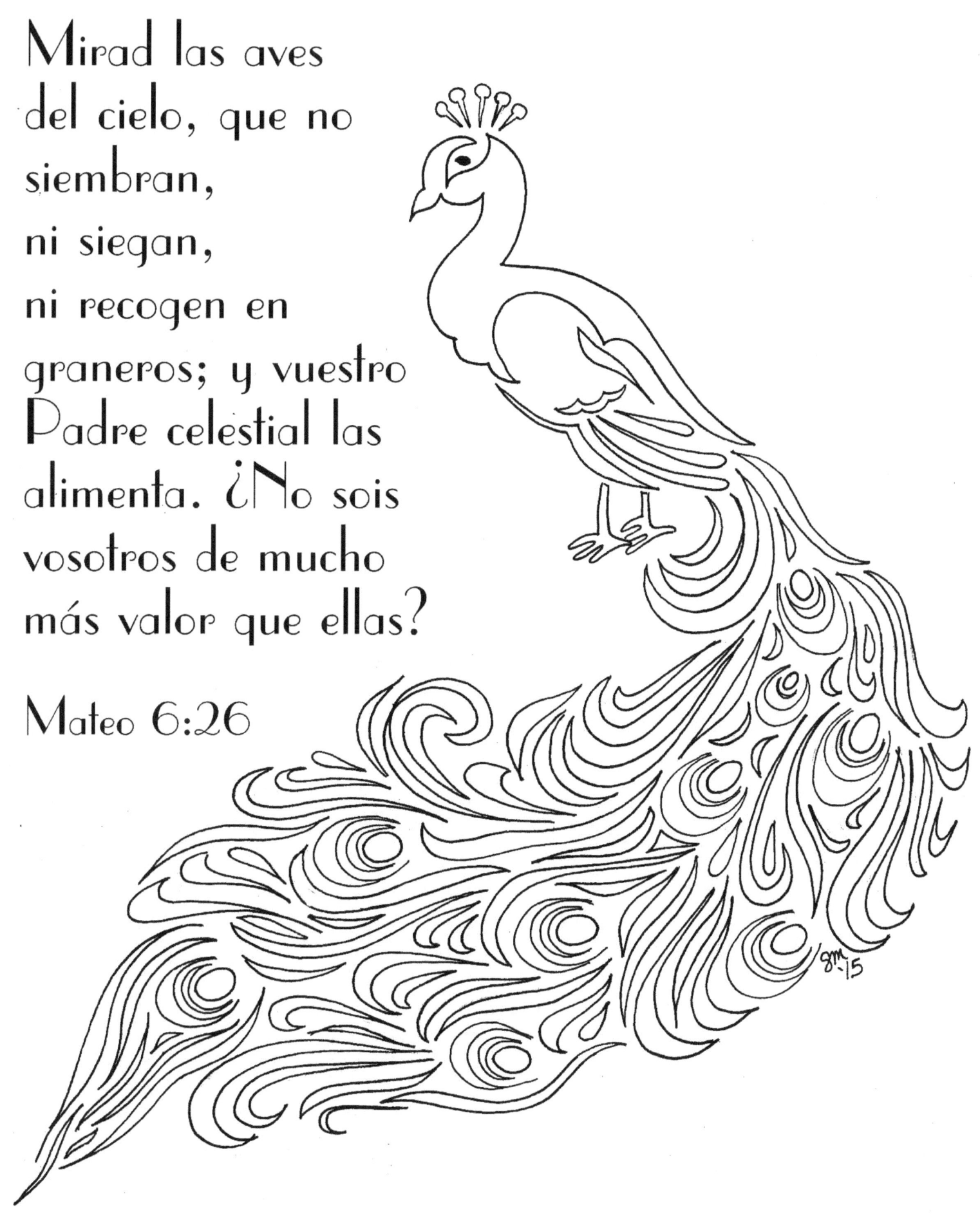

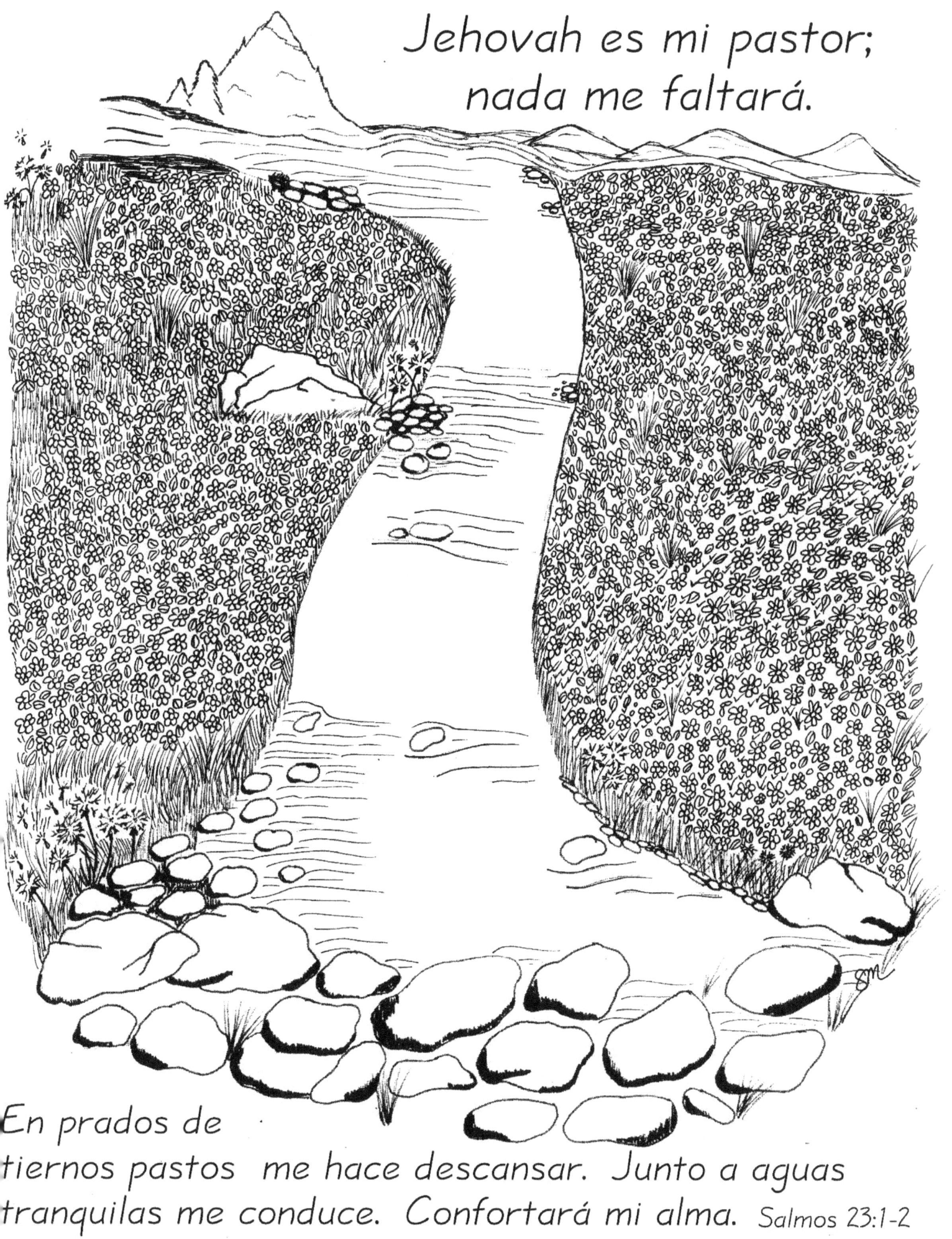

Jehovah es mi pastor;
nada me faltará.

En prados de
tiernos pastos me hace descansar. Junto a aguas
tranquilas me conduce. Confortará mi alma. Salmos 23:1-2

Destilad,
oh cielos,
desde
arriba;
derramen
justicia
las nubes.
Ábrase
la tierra,
brote la
salvación y
juntamente
crezca
la justicia.
Yo,
Jehovah,
lo he creado.
Isaías 45:8

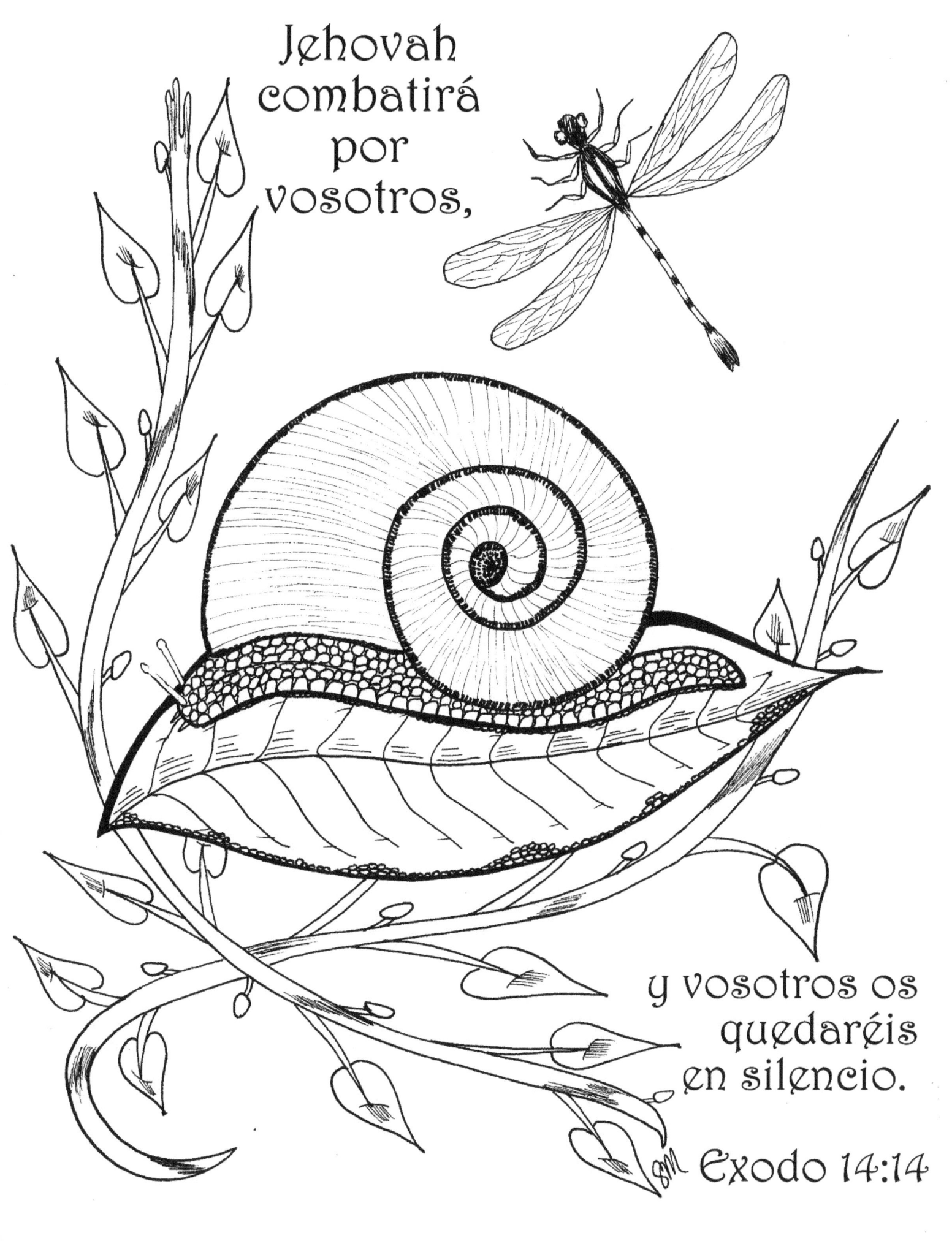

Jehovah combatirá por vosotros,

y vosotros os quedaréis en silencio.

Exodo 14:14

Jehovah combatirá por vosotros,

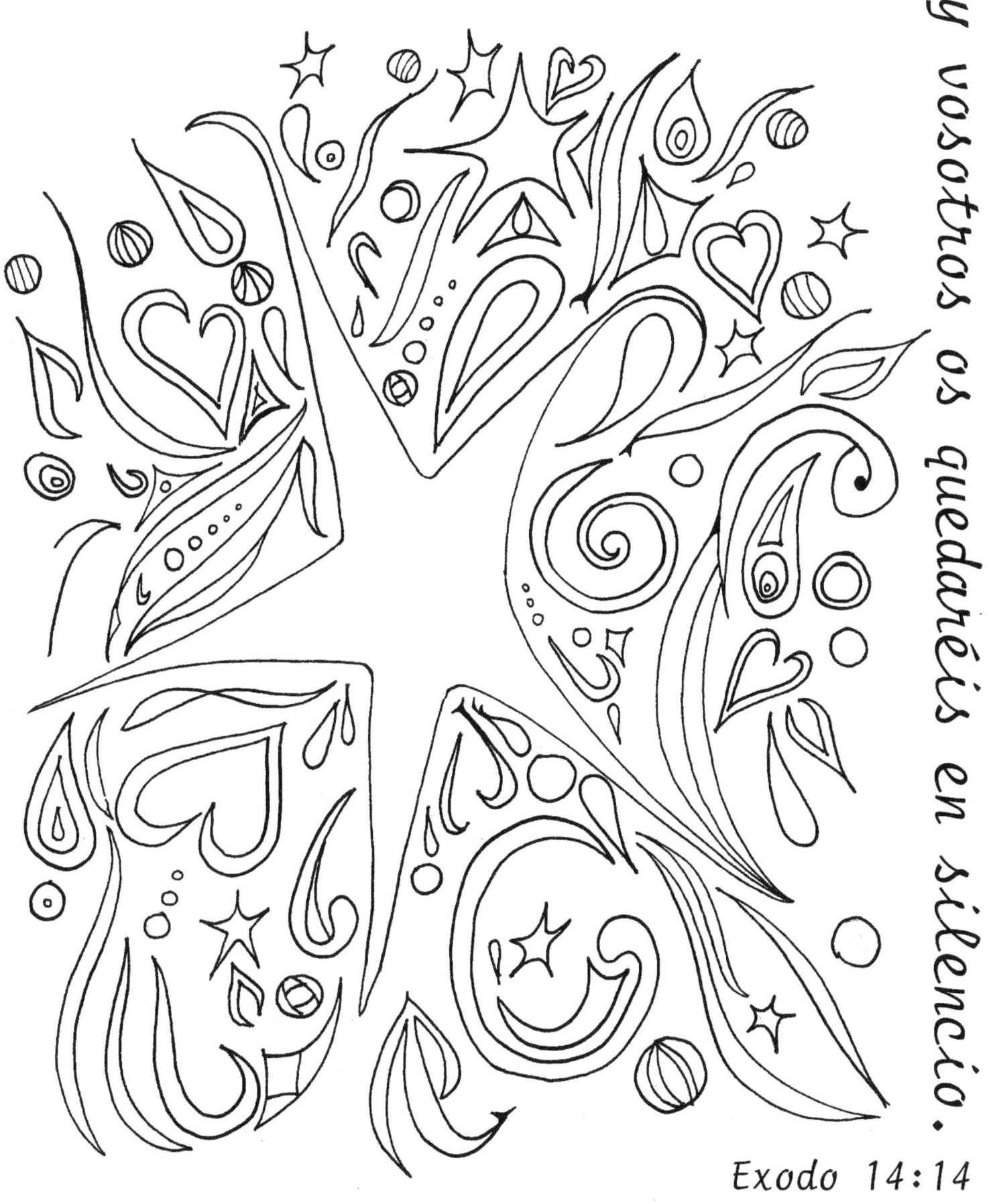

y vosotros os quedaréis en silencio.

Exodo 14:14

Desde el nacimiento del sol y hasta donde se pone,

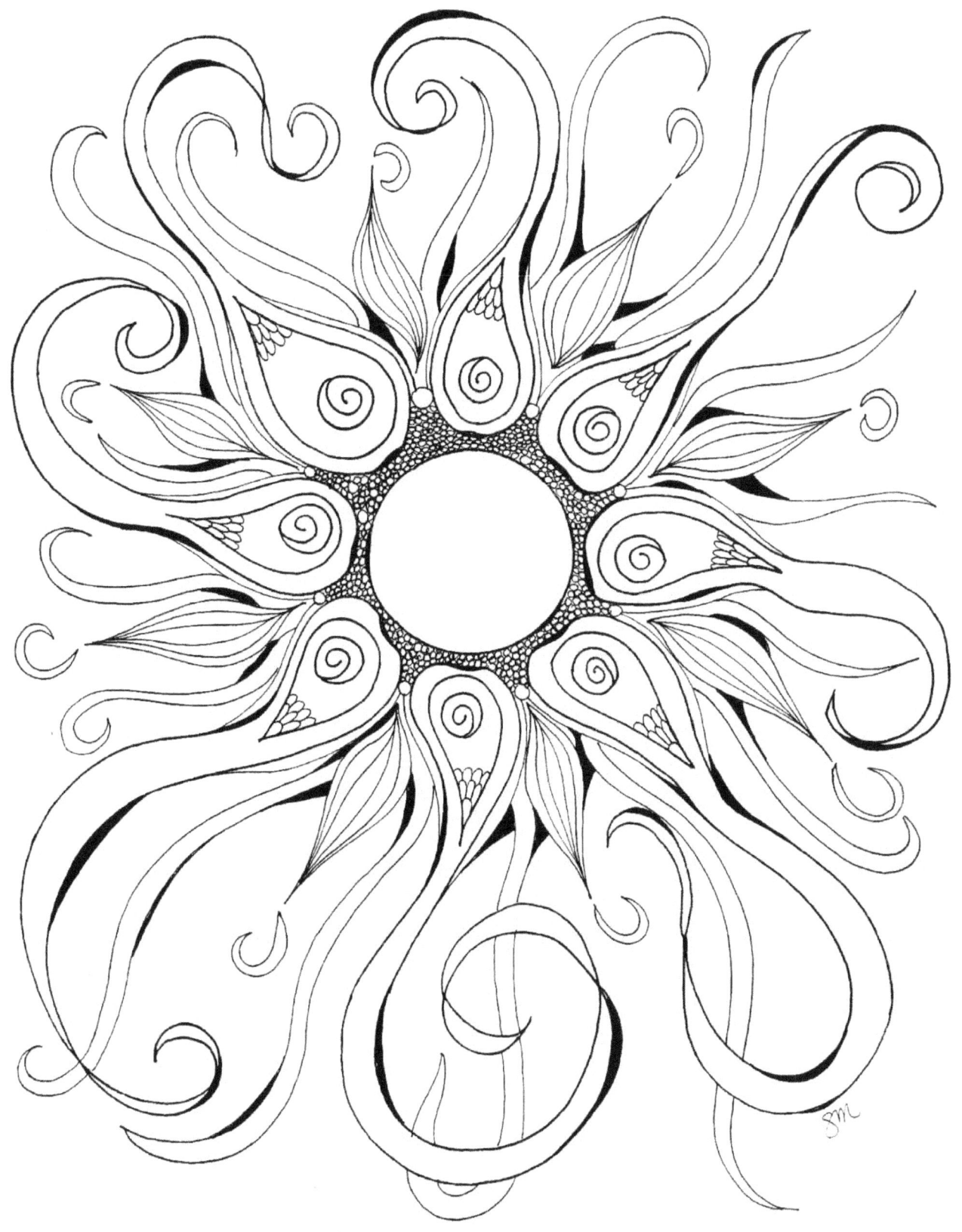

sea alabado el nombre de Jehovah.

Salmos 113: 3

Porque con la medida con que medís,

se os volverá a medir.

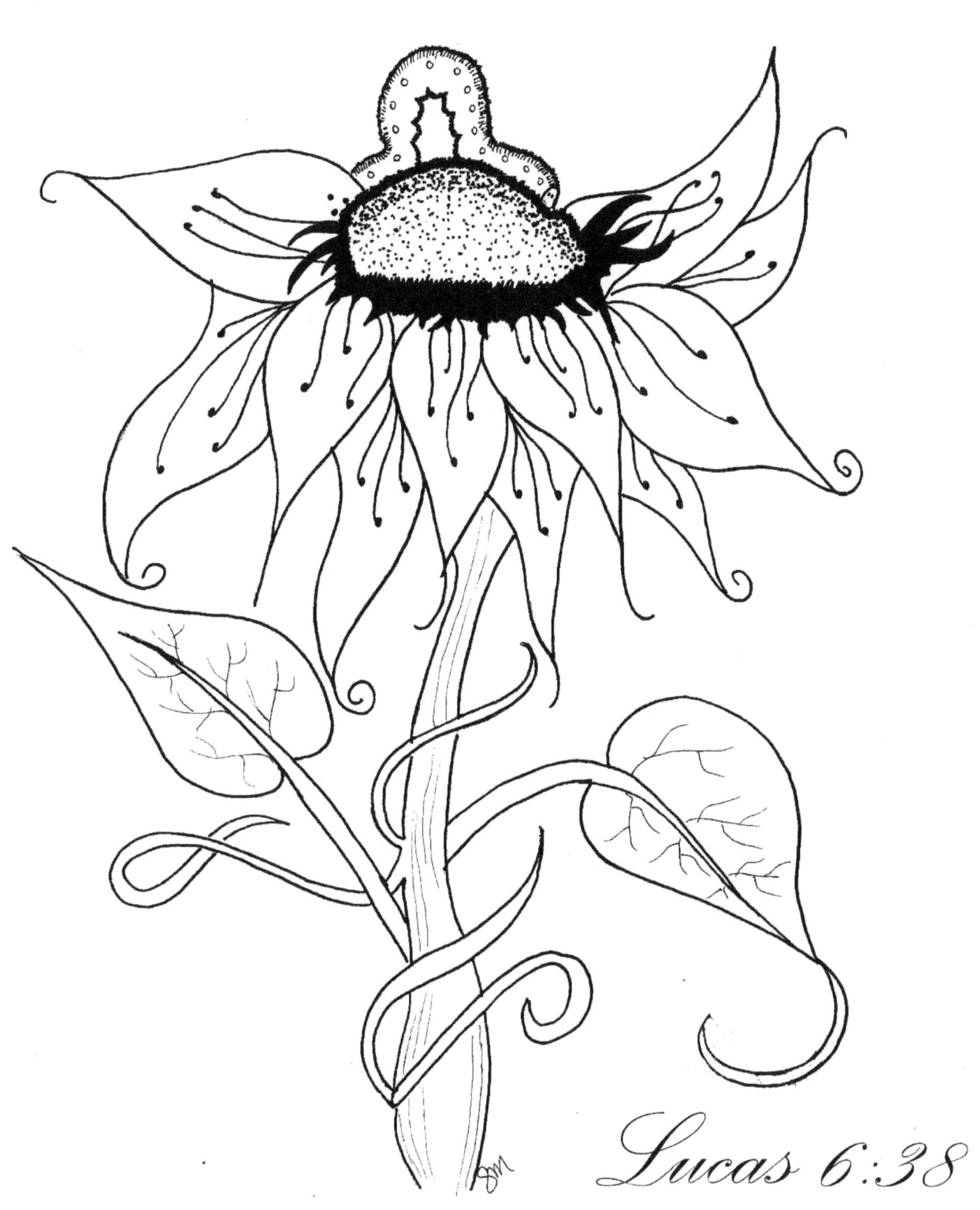

Lucas 6:38

Pero cualquiera que beba del agua que yo le daré, nunca más tendrá sed, sino que el agua que yo le daré será en él una fuente de agua que salte para vida eterna.

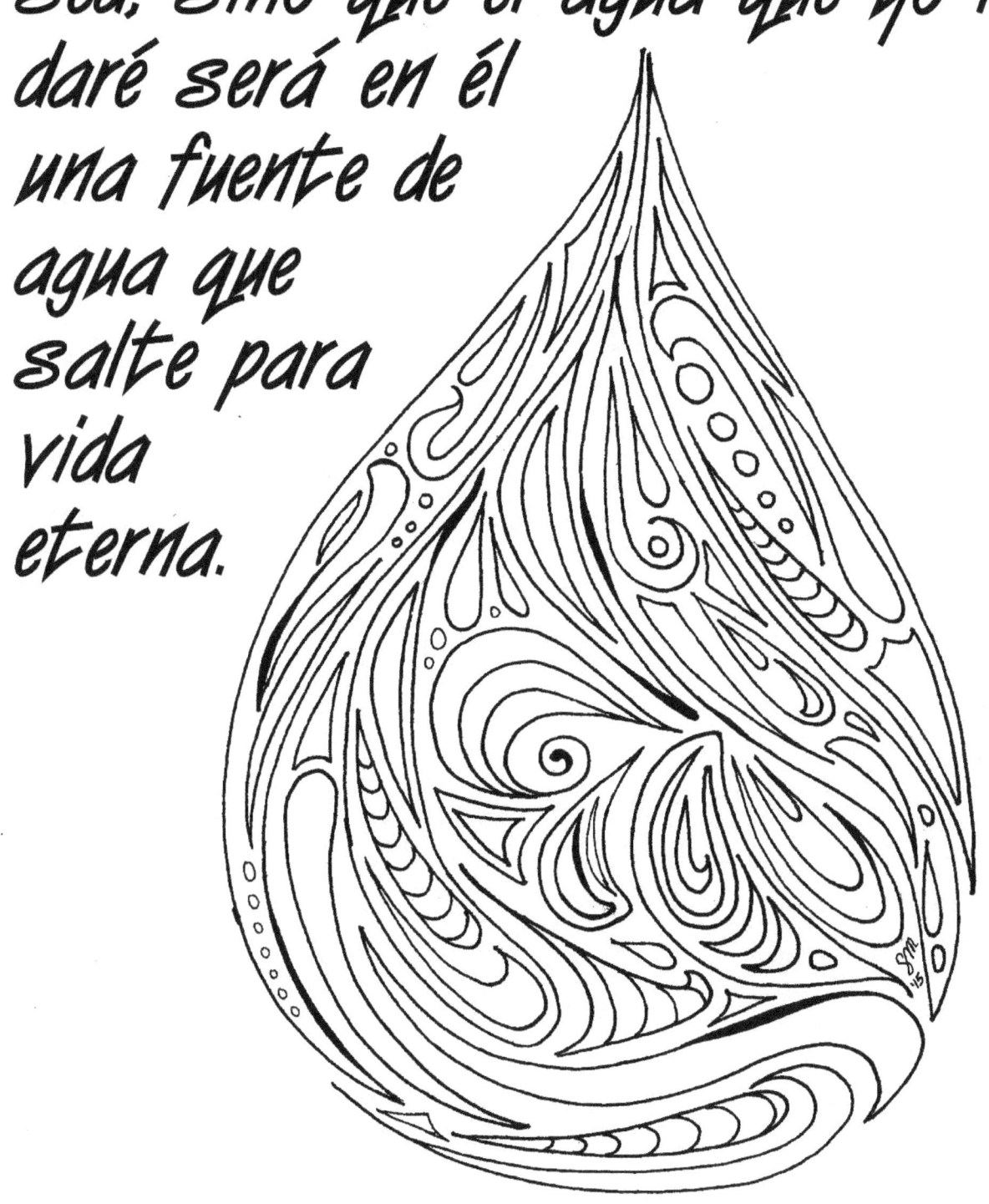

Juan 4:14